L'ANTHOLOGIE DES PERLES DE L'ADMINISTRATION

CERTIFIÉES AUTHENTIQUES

LES FONCTIONNAIRES p.3
LES POMPIERS p.59
LES GENDARMES p.113
LES ASSUREURS .... p. 169

BAMBOO ÉDITION

Tous les textes regroupés
dans ce livre sont issus de faits réels.
Ils n'ont subi aucune correction orthographique
de notre part afin de préserver leur authenticité.

La fabrication de cet album répond au processus de développement durable engagé par Bamboo édition. Il a été imprimé sur du papier certifié PEFC.

116, rue des Jonchères - BP 3
71012 CHARNAY-LÈS-MÂCON cedex
Tél. 03 85 34 99 09 - Fax 03 85 34 47 55
Site Web : www.bamboo.fr
E-mail : bamboo@bamboo.fr

PREMIÈRE ÉDITION
Dépôt légal : novembre 2015
ISBN : 978-2-8189-3496-8

Imprimé en Italie par Stige
Printed in Italy

LES PERLES DES FONCTIONNAIRES

“ Votre dossier ne nous est pas parvenu car nous avons dû l'égarer par erreur. ”

“ Avec un retard de quatre ans,
la somme vous a été réglée
sans délai. ”

« Il s'agit d'une erreur de nos services dont vous pouvez être tenu pour responsable. »

“ Notre réponse affirmative est donc non ! ”

“ Comme chaque année, nous avons égaré votre dossier... ”

“ Vous aurez la possibilité
de payer dans l'unité de votre choix,
soit en euros, soit en euros. ”

« Les initiales
R.F. signifient
Trésor Public. »

“ Le cachet de la poste fait bien foi que vous n’avez jamais envoyé ce courrier. ”

“ Vous pouvez payer en plusieurs fois à condition de tout régler d'un coup. ”

Merci de patienter
au guichet 3, le guichet 3
étant fermé.

“ Depuis que vous avez mis
ce dos d'âne, ma femme se fait sauter
deux fois par jour ! ”

“ Le timbre doit être collé à l'extérieur de l'enveloppe ! ”

> Sans réponse de votre part par retour du courrier, nous serons dans l'obligation de considérer que nous n'avons pas reçu de réponse de votre part.

> « À part vos trois enfants,
> vous n'êtes pas mère de famille. »

« Mettez chacun de vos enfants dans une enveloppe avant de nous les envoyer. »

“ Bien sûr,
les erreurs de l'ordinateur
n'engagent que lui... ”

“ Merci de ne pas lire
le formulaire avant de le signer. ”

“ Vous avez touché
très exactement plus ou moins
ce que nous vous devions. ”

“ Commencez donc par faire des enfants avant de vouloir toucher des allocations ! ”

« Si vous ne savez pas écrire, merci de nous le signaler par courrier. »

“ Toute réclamation
doit être adressée au service
des archives. ”

“ Désespéré par notre refus,
l'homme s'est jeté dans
la corbeille à papier. ”

“ Dès que nos services disposeront des moyens nécessaires, nous ne pourrons pas donner suite à votre requête. ”

“ Les jours fériés seront payés, sauf s'il s'agit de dimanches ou de jours fériés. ”

Pour les femmes,
la profession doit être indiquée
à la rubrique « sexe ».

« Cet accident du travail a eu lieu pendant son sommeil. »

> Les départs à la retraite doivent être annoncés dès la naissance.

“ Merci de mettre une croix sur votre sexe. ”

“ La décision de fermer le site doit être prise de toute urgence dans les six mois à venir. ”

> Le caractère provisoire de cette décision est désormais définitif...

“Les anciens combattants morts pour la France sont appelés à transmettre leur dossier avant fin juin.”

« Après examen du dossier,
une décision favorable a été prise
à l'unanimité : 24 voix pour,
78 voix contre. »

> La porte des WC étant condamnée jusqu'à la fin du mois, merci de prendre vos précautions avant d'arriver devant elle.

“ Le congé maternité ne pourra commencer plus de 10 mois avant la naissance. ”

“ Pour aller de l'avant,
nous avons préféré prendre
un peu de recul. ”

“ Si vous envisagez
un décès dans les mois à venir,
merci de le préciser. ”

“ Nous nous sommes penchés sur l'emploi du temps de cette dame, dont nous avons examiné tous les trous. ”

“ Son épouse prétend que cet administré est mort étouffé sous la paperasse que nous lui avons envoyée... ”

“Un contrôle rigoureux
est effectué chaque année,
mais il n'a jamais lieu.”

“ Après enquête,
on a pu conclure que toutes
ces bouses de vache ne venaient
pas des habitants. ”

> Votre sexe n'était pas clairement visible sur le formulaire.

“ Votre attestation ne nous étant pas parvenue dans les délais, nous sommes au regret de vous annoncer que nos services ont donné une réponse favorable à votre dossier. ”

“ À la rubrique « OUI »,
merci de bien vouloir
répondre « NON ». ”

> À compter du 1er septembre,
> les guichets seront ouverts
> avant la fermeture.

« Ce guichet est ouvert sans interruption de 10h à 10h05. »

“ Le contrôle
aura lieu soit chez vous,
soit à votre domicile. ”

“ Votre lettre de réclamation a été transmise par erreur à notre service réclamation. ”

« Votre profession n'étant pas référencée, merci de vous en trouver une autre. »

Joindre obligatoirement
une copie de votre acte de naissance
et de votre sexe.

“ Les guichets sont déclarés ouverts quand il y a quelqu'un derrière. ”

“ Je vous rappelle que votre arriéré date quand même des années 50. ”

“ À cause des fêtes,
nos services seront fermés du
1er janvier au 31 décembre. ”

“ Joindre impérativement la photocopie de votre conjoint. ”

> Sa mort ne l'a pas empêché de continuer à nous harceler avec ses réclamations.

“ Ses revenus
ayant fortement augmenté,
il défonça le plafond. ”

LES PERLES DES POMPIERS

“ Appelés pour enfumer
un nid de guêpes, nos pompiers
ont malheureusement mis
le feu à la maison. ”

“ Le même jour, un homme a été asphyxié par des émanations provenant d'un poète. ”

> Cet incendie mortel n'a heureusement pas fait de victime.

“ Par chance,
le conducteur était éjecté.
C'est alors qu'une camionnette
lui passa sur le corps. ”

“ Une octogénaire
de Porcheresse en Ardenne
a appelé les pompiers de Paliseul
parce qu'il y avait des étincelles
au plafond de sa pièce de séjour.
Il s'agissait du clignotant
de son détecteur d'incendie. ”

“ Le feu a vraisemblablement été provoqué par un court-circuit d'origine électrique. ”

“ Une maison s'est effondrée hier soir à Bouzillé. ”

“ Dès qu'il est sorti de l'eau, il faut étendre le noyé à plat ventre sur le dos. ”

« Un fou mal éteint a embrasé une habitation. »

“ Les pompiers ont ensuite nettoyé la chaussée ainsi que les policiers du commissariat. ”

“ Les sauveteurs durent transporter une femme de 170 kgs dont les jambes étaient si grosses qu'elle ne pouvait plus remuer les bras. Ses bras étaient cependant normaux et faisaient toute la longueur de son corps. ”

“ Il n'a vu l'incendie
que quand celui-ci a commencé
à le chauffer. ”

“ La cause de cet incendie,
dû à une rupture de gaz,
n'a pas été déterminé. ”

“ L’enquête a démontré que l’incendie avait été allumé à l’aide d’un feu... ”

« Ils sont intervenus de nuit
pour un septuagénaire à héliporter.
En découpant son parka et son pantalon
pour chercher les lésions à soigner,
ils sont tombés sur des dessous en latex
avec dentelles et aussi un soutien-gorge. »

“ La maison était détruite
à 100% quand le feu reprit
et brûla tout le reste. ”

> Selon des témoins,
> c'est une voisine, Mme BOUM,
> qui a averti la police
> de la forte déflagration.

“ Il avait changé tous ses fusibles, pourtant ses plombs ont pété. ”

“ La bouche d’incendie est restée muette comme une carpe... ”

“ Il criait au feu
pour faire croire
qu'il se noyait... ”

“ L’eau était trop épaisse pour passer au travers de nos tuyaux... ”

“Avons noté une fracture de la jambe gauche au niveau de la clavicule...”

“ La pompe sera vérifiée
la veille de chaque incendie. ”

“Les pompiers sont des pyromanes comme les autres...”

> C'est un chasseur,
> qui ne voulant pas rentrer
> bredouille, s'est tué.

Monsieur R. remercie les pompiers et toutes les personnes qui ont pris part à l'incendie de la grange.

« Dans le choc, un piéton a été projeté de l'autre côté du mur. On ne l'a d'ailleurs pas retrouvé. »

« Le feu a pris chez les voisins
et les pompiers se sont fait incendier
en arrivant, sous prétexte qu'ils avaient
mis trop de temps à venir. »

“ Deux chiens crient « au feu » et sauvent leur maîtresse. ”

“ Une tempête s’est produite dans
la nuit du 16 au 27 Février. ”

« En Espagne, un planeur s'est écrasé suite à une panne de moteur. »

“ On n'a pas retrouvé son membre sectionné. Un automobiliste l'aurait emporté par mégarde. ”

“ Le même jour, un motard heurtait un mouton : deux blessés dans le coma. ”

> Le patient était en bonne santé, jusqu'à ce que l'avion tombe en panne de carburant et se crashe.

Dans le choc, il a eu
une entrecôte cassée.

“ Ils ont alors
trouvé par hasard
le cadavre d'un mort. ”

“ Tout danger d'extinction
du sinistre fut rapidement stoppé. ”

> Un poil à fuel serait
> à l'origine du ministre.
>
> *Le Journal du Centre 9.03.1982*

« L'extincteur était rempli d'un vide qui ne servait à rien. »

« Il fut très difficile de déployer la grande échelle puisqu'elle était petite. »

“ L’alerte fut donnée dans
le but évident d’attirer l’attention
des pompiers. ”

> Une panne de courant survenue vers midi a plongé toute la région dans le noir.

“ Le pilote d’un cyclo a été blessé lors qu’une collision avec un bus. Ce dernier a été transporté au centre hospitalier. ”

“ Un cylomotoriste heurte un camion qui le suivait. ”

“ Détail navrant, cette personne avait déjà été victime l'an dernier d'un accident mortel. ”

> Son cadavre a été ramené sur la plage où il a récupéré rapidement.

“ En froid avec ses voisins, elle avait allumé trois foyers d'incendie. ”

« Lorsque le feu a pris dans ma cuisine, mon mari n'avait pas terminé ses travaux de peinture : il y avait deux murs blanc sale, un vert propre et le dernier moitié sale moitié vert propre. La fumée a noirci le vert propre et l'eau des pompiers a fait des traces jaunes sur le blanc sale et le plafond (de couleur indéterminée). »

“ Dans le véhicule funéraire, le chauffeur et le cadavre étaient indemnes. ”

> Le conduit de cheminée
> était bouché par un nid
> de cigognes rôties.

« La bouche d'incendie n'était malheureusement pas reliée au réseau d'alimentation en eau. »

Le lieutenant arriva sur
les lieux suivi des membres
de son corps.

L'explosion a pulvérisée trois personnes dont l'une fut sérieusement blessée.

LES PERLES DES GENDARMES

> Les trois balles étaient groupées dans l'œil gauche qui semblait ne plus rien voir.

“ N'ayant pas pu
abuser de la jeune femme,
il la viola sauvagement. ”

Elle avait réussi à prouver qu'elle n'avait pas tué son amant en se tuant juste avant lui.

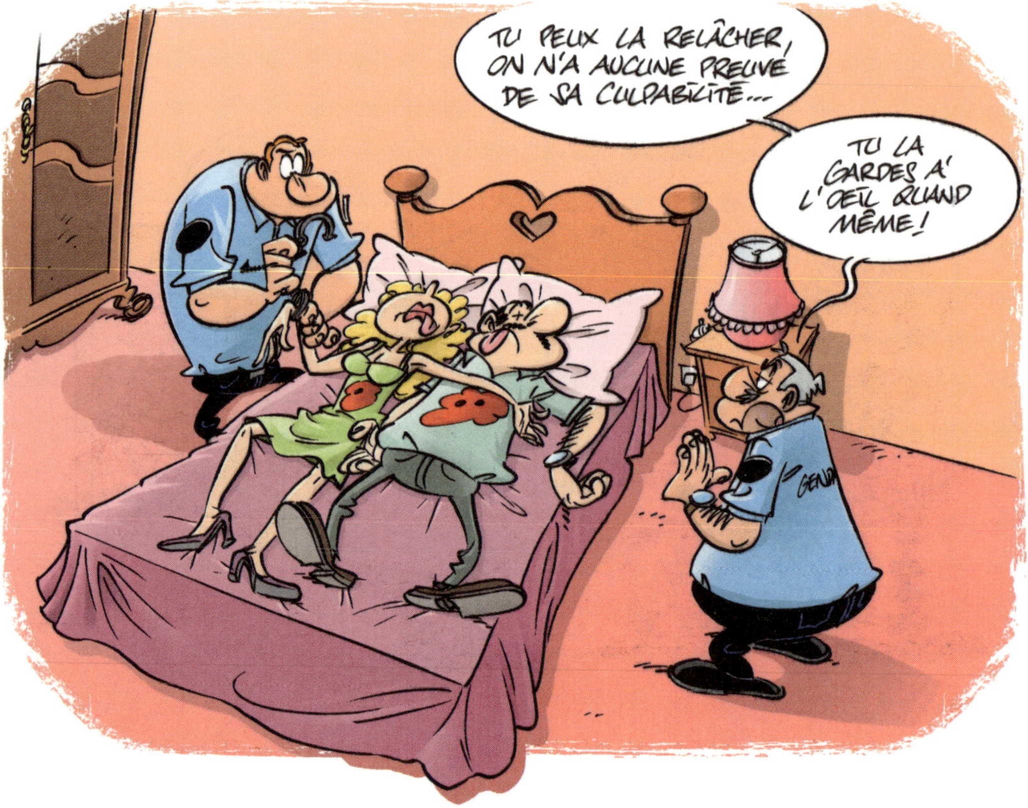

“ Sous le coup de la colère, l'homme mangea une pomme en ricanant. ”

“ Le suspect exigea un annuaire pour trouver un avocat, requête qui lui fut naturellement accordée. Il s'avéra cependant au bout d'une heure que le suspect espérait seulement gagner du temps vu qu'il ne savait pas lire et écrire. ”

“ Le trou de balle était si gros que nous avons pu y mettre deux doigts… ”

> La femme essayait
> de cacher son identité
> derrière ses larmes.

> Le suspect s'est alors décidé à passer aux aveux sans même qu'on ait à le frapper.

“ L'amende en bonne et due forme avait été glissée sous le pare-brise du vélo pour preuve de l'infraction. ”

> La chasse étant fermée
> à cette époque, il l'ouvrit
> lui-même tout seul.

“ N'ayant pas été reconnu coupable de cette agression, le suspect a été gardé en détention jusqu'à ce qu'il avoue son agression. ”

“ Ses explications étaient si embrouillées que nous avons du le relâcher faute d'avoir la preuve que nous pouvions comprendre ses explications. ”

“ Il était cloué sur son lit d'hôpital par deux coups de couteau au bras. ”

“ Il s'était servi du cric de sa voiture pour lui donner gentiment plusieurs coups à la tête. ”

“ Un flic lancé à ses trousses, sur le point de lui mettre la main au collet, a glissé sur une crotte de chien. ”

Bizarrement, la collision entre les deux véhicules avait bien eu lieu au même endroit, ce qui attira notre attention.

“ Nous avons été obligés de constater le décès avant que le mort nous décrive son agresseur. ”

“ Arrêté par les gendarmes, le voleur les a menacés d'appeler la police. ”

“Personne n'ayant donné les ordres nécessaires, il n'était pas difficile d'y obéir.”

Sans aucune preuve matérielle valable, nous avons eu le regret de devoir le relâcher vers de nouveaux délits.

> La gendarmerie étant fermée le dimanche, le meurtrier du attendre le lundi pour venir tout avouer.

“ J'ai été très surprise en voyant un sexe dépasser du bord de la porte-fenêtre ; je peux dire que cet homme est de race blanche. ”

“ L'homme dont l'arrestation a été effectuée sur le marché prétendit être un inspecteur de police en civil mais fut incapable de nous présenter sa carte officielle qu'il avait pourtant dans sa poche comme le démontra la fouille. ”

« Le suspect, qui exerce depuis 20 ans le métier de fourreur, a farouchement nié les accusations de viol. »

> Le manouche habitait une caravane tirée par sa femme.

“ L’homme portait
une perruque pour faire
croire qu’il était chauve. ”

“ La pauvre femme fut hospitalisée après avoir reçu les injures nécessaires. ”

“ Suite à la grève illimitée commencée lundi à 8h et stoppée à 10h, nous n'avons pas eu à déplorer d'incidents. ”

« Les deux trous de balle étaient parfaitement groupés ensemble. »

“Quand le contrevenant a crié :
"Espèce de gros con !" dans son dos,
le brigadier de service a aussitôt cru
se reconnaître et a verbalisé.”

“ Ivre au milieu de la rue principale du village, l'homme nous a traités de « sales flics », ignorant que nous étions des gendarmes. ”

> Libéré à 11h15, l'homme refusa de quitter sa cellule avant la tombée de la nuit de peur d'avoir à rentrer chez lui sous les huées de sa femme.

“L’homme prétendit avoir visé le lièvre, tuant pourtant son voisin à cette occasion.”

“ L’accident qui avait provoqué sa mort était bien un accident mortel. ”

“ Le suspect s'est alors décidé a passer des aveux complets pour nous prouver qu'il n'était pour rien dans cette affaire. ”

“L'homme avait essayé de cacher l'arme dans ses bottes, malheureusement pour lui, il s'agissait d'un fusil dont la longueur dépassait.”

> Comme il devait être pris en charge au plus vite par un asile d'aliénés, il a été conduit à la gendarmerie.

“ Ayant perdu les deux bras, le conducteur faisait de grands signes pour attirer l'attention des autres automobilistes. ”

> De deux choses l'une,
> c'était soit notre version,
> soit la sienne, mais c'était
> la nôtre bien sûr.

“ Le plaignant, visiblement en état d'ébriété, prétendait s'appeler Jésus et signa le formulaire d'une croix. ”

“ Pendant son interrogatoire,
l'homme s'est à plusieurs reprises
mouché dans ses doigts
d'un air goguenard. ”

« Surpris avec son fusil chargé et un lot de 20 cartouches, l'homme persista néanmoins à prétendre qu'il se rendait à la pêche. »

“ L’homme n’avait rien voulu nous avouer, si ce n’est deux ou trois petits crimes sans importance. ”

“ N'écoutant que son courage, la brigade fut obligée de battre en retraite. ”

> Le mari semblait
> plus honnête de 50%
> que sa femme.

“ L'individu a réussi à sortir de ses menottes par la porte de derrière. ”

“ L'homme a insisté pour
nous présenter son préjudice
qui ne mesurait en fait pas
plus de dix centimètres. ”

> Les recherches ont permis
> de retrouver rapidement
> les 5 cadavres des 2 disparus.

> Si nos gendarmes n'étaient pas intervenus, le viol n'aurait sûrement jamais eu lieu.

> Avec un taux d'alcool
> de 3,2 g, le sang de l'homme
> était comme une bouteille.

> Le complice des deux voleurs était sans doute le troisième.

“ Toutes les entrées de la femme étant verrouillées, les deux cambrioleurs la pénétrèrent par le toit. ”

“ C'est en urinant
que l'homme se
blessa aux yeux. ”

> Le suspect étant sans domicile fixe, les policiers purent le cueillir quand il sortit enfin de chez lui.

“Le forcené épaula son fusil de chasse et tua les pneus de la voiture à coups de chevrotine.”

LES PERLES DES ASSUREURS

« Le cycliste zigzaguait sur la route, tantôt à gauche, tantôt à droite, avant que je puisse le télescoper. »

“J’ai dû mal m’expliquer en rédigeant la déclaration d’accident que je vous ai adressée la semaine dernière. Contrairement à ce que vous semblez croire, je ne circulais pas à cheval en centre ville. J’étais tout simplement en train de garer ma voiture, à cheval sur l’accotement et la chaussée.”

“ Depuis son accident,
ma femme est encore pire qu'avant.
J'espère que vous en tiendrez compte. ”

“ Ils m'ont trouvé 2,10 grammes d'alcool dans le sang et ils vont me condamner. Sur 6 à 8 litres de sang qu'on a dans le corps, vous avouerez que c'est pas tellement (personnellement, j'aurais cru que j'en aurais eu plus). ”

“ Ma fille, poumonique,
est rendue en aquarium. ”

“ J'ai dit au policier que
je n'étais pas blessé, mais en ôtant
mon chapeau, j'ai vu que j'avais
une fracture du crâne. ”

“ Monsieur le Directeur,
dans ma déclaration d'accident que
je vous ai adressée, j'ai oublié de
vous dire qu'il y avait un mort. ”

> Si jamais l'un de nous deux venait à disparaître, combien toucherais-je au titre de l'assurance vie ?

“ En qualité du plus mauvais client de votre agence (neuf accrochages en un an), je vous demande d'avoir le plaisir de résilier mon assurance auto avant la date d'échéance. ”

> « Non seulement je ne connais pas l'identité du témoin, mais j'ignore même s'il s'agit d'un homme ou d'une femme ; j'ai seulement aperçu un être à cheveux long, vêtu d'un pantalon, qui tournait le dos et s'est enfui à toutes jambes. »

“ Si j'ai reconnu ma responsabilité sur le champs, c'est que ce monsieur doit mesurer dans les 2 mètres et peser 100 kg. Je n'avais donc aucune chance de lui faire entendre raison malgré mon évidente supériorité intellectuelle. ”

Je m'excuse d'être aussi cru, mais croyez bien que si je lui ai cassé une dent, il n'a pas cessé de me casser les pieds.

“ Vous me demandez si j'ai fait jouer l'assurance scolaire quand Pupuce a renversé la voisine, mais je vous rappelle que Pupuce n'est pas mon fils mais mon teckel. ”

“ Dîtes-moi à quel âge
les enfants changent de prix. ”

“ Vous m'écrivez que le vol n'existe pas entre époux. On vois que vous ne connaissez pas ma femme. ”

“ J'ai lu dans mon contrat auto que vous ne remboursez pas les frais de réparations de ma voiture si j'ai causé un accident en état d'ivresse. Je suis prêt à payer ce qu'il faut pour que vous supprimiez ce paragraphe. ”

« Je vous signale que ma femme n'a jamais été la conductrice habituelle de ma voiture. Les rares fois où elle prend le volant, ce n'est pas une habitude, c'est une aventure. »

“ Suite aux dégâts des eaux provoqué par le débordement de la machine à laver, ma mère a glissé sur le carrelage et s'en est allée casser la vitre de la porte de la cuisine avec sa tête... ”

“ Je rentrai dans ma cariol sur la route de Gray. J'avais bu à cause de la chaleur deux blancs cassice. J'ai donc eu besoin de satisfaire une grande envie d'uriné. Je arraité la voiture sur le baur de la route prais d'unta de pierres et de matériau rapport aux travois eczécuté mintenant pour l'élaictricitai. Je commence à uriné et en fesan ce besoin, je en maniaire amuzement dirigeai mon jai en zigue sague à l'entours. Alors mon jai a rencontrai un bou de fille électrique qui était par terre au lieu d'être accroché au poto. Une grosse étincelle a soté sur moi et un grand coup m'a raipondu dans le fondement et dans les partis que notre médecin y appelle tête y cul. Je me suis évanouille et quand je suis revenu dans la connaissance, je vu que ma chemise et mon pantalon été toute brulé à la braguette.
Je suis assuré par votre maison et je voudrai être un démnisé. Jé droit a ce con m'a dit et je vous demande votre opinion. Mais dommage son de 93 francs o plus just. Depuis le sinistre, jé les burnes toutes noires et ratatinés. Ma verge est tuméfié, gonflé et violacé. Le médecin a dit devant du monde qui peut répété : «Avec les faits nomaines électrics, on ne sais jamais.»
Au jour d'ojourd'hui, je ne peux plus m'en servir que seulement pour uriné, mais pour le reste, a seul fin de remplir mes devoirs conjugo avec ma femme qui a le sang chot, il n'y fot plus compter. Je fait des réserves dessus. Vous ne plaident pas pour ça qui ferai du tort à votre maison d'assurance.
A vous lire, je vous salue empressement. ”

ÇA, C'EST MON RAYMOND QUI RENTRE !!!

“ Vous m'envoyez des formulaires avec des lignes trop courtes pour écrire ce que je veux. Que diriez-vous si je payais ma cotisation d'assurance sur des chèques trop petits pour écrire la somme entière ? ”

“Je suis entré en collision avec un brave homme dont les moyens intellectuels m'ont paru terriblement limités. J'ai donc eu la chance de parvenir à lui faire signer un constat qui m'est particulièrement favorable. Je pense que vous m'en serez gré.”

“ Le feu a pris dans la friteuse
et tout a brûlé dans la cuisine,
y compris les frites. ”

“ Mon assureur m'avait téléphoné
pour me dire qu'il m'envoyait un avenant.
Le lendemain, j'ai eu la visite d'un inspecteur
de la compagnie, pas avenant du tout. ”

“ Vous me demandez où
est le point de choc sur ma voiture.
Ma voiture n'a rien. Le point de choc,
c'était le piéton. ”

“ Mon pare-brise a éclaté sur l'autoroute du Nord. J'ai dû gober des mouches pendant 50 km avant de trouver un garagiste ouvert qui consente à réparer les dégâts. ”

“Ne pouvant plus travailler
à la suite de mon accident,
j'ai dû vendre mon commerce
et devenir fonctionnaire.”

“ Vous m’indiquez la marche à suivre, mais je vous rappelle que depuis mon accident, je suis incapable de marcher. ”

> Je n'avais pas vu la voiture arriver et quand je l'ai vue, je n'ai plus rien vu.

> Vous me dites que d'après le Code Civil, je suis responsable des bêtises de mes enfants. Si c'est vrai, les personnes qui ont écrit cela ne doivent pas avoir, comme moi, neufs enfants à surveiller.

“ Je vous serais obligé de m'adresser le courrier concernant mon accident à un de mes amis, Mr X, car, pour la passagère blessée, ma femme n'est pas au courant, et il vaut mieux pas. Je compte sur votre compréhension pour ne pas déshonorer un honnête père de famille... ”

“La foudre est tombée sur le hangar et a endommagé la toiture. Depuis notre mariage, c'est le deuxième coup de foudre que nous subissons.”

> J'avais la robe toute déchirée
> et tout le monde en a bien profité,
> même les gendarmes qui n'étaient pas
> les derniers à lorgner !

Pourriez-vous me dire
si mon assurance-vol garantit le vol
des antivols ?

“ J'avoue que je n'aurais pas dû faire demi-tour sur l'autoroute avec ma caravane, mais j'avais oublié ma femme à la station-service. ”

“ Mon épouse ne cuisine pas plus mal qu'une autre, mais je serais plus tranquille si vous ajoutiez au contrat d'assurance de la maison une garantie contre les intoxications alimentaires. ”

« Je vais prêter ma voiture à quelqu'un qui ne sait pas trop s'en servir, mais avant pouvez-vous me confirmer que vous paierez les pots cassés pour les accidents qu'il ne manquera pas de provoquer ? »

“L’accouchement était particulièrement difficile, il a fallu frayer un passage au chasse-neige.”

Ca fait 3 ans qu'il me cogne dessus quand il est ivre et il est ivre depuis 3 ans, et quand il n'est pas ivre, il est saoûl. Mais le reste du temps il est gentil avec le chien.

Elle est tellement feignasse que s'il y avait un championnat de France des feignasses, elle serait même trop feignasse pour s'inscrire !

« J'espère que vous aurez pitié d'un pauvre homme qui a sept enfants à manger ainsi que sa femme et sa belle-mère. »

> « Comme mon pauvre mari doit partir chez les fous, je l'envoie à votre bureau. »

Étant chômeur et sans secours,
je me suis ramassé un peu de tôle
dans la cour à ferraille pour faire
manger les enfants.

“ J'ai perdu mon dentier dans l'accident je vous écris donc, étant inaudible - voire risible - au téléphone. ”

“Quand l’autre a apparu dans mon rétroviseur je vous prie de croire que nous avons plutôt serré les fesses, ma femme et moi, et j’avais raison car cette partie a été complètement écrabouillée dans cette désagréable rencontre.”

“ C'est au moment que j'ai enlevé mon casque pour m'éponger le front que je m'ai ouvert l'arcade souricière avec l'outil que je tenais encore dans ma main. ”

“ On l'a trouvé mort
dans un état grave. ”

« La cause indirecte de l'accident est un petit homme, dans une petite voiture, avec une grande gueule. »

“ Je n'ai guère eu le temps de voir le piéton car il a immédiatement disparu sous la voiture. ”

“ ... ce sinistre n'est pas étonnant : après le devoir conjugal, elle fume... ”

“ Je viens de recevoir mon chèque ! A ce tarif-là, je veux bien me faire passer dessus par un motard tous les jours ! ”

> Quand l'eau a monté
> mon mari a eu très peur pour
> la télé et le bébé...

“ Le soir de l’accrochage sur le parking il était dans le même état que moi vu que je sais ce qu’il a bu et que j’ai même payé la première et la quatrième tournez ! C’est quand même pas à moi qu’il va faire avaler ça ! ”

“ J'ai décidé de ne pas prendre d'assurance responsabilité cette année car je ne vois pas qui pourrait me poursuivre : je suis si inoffensif ! ”

> Hortense est le nom
> de la vache tuée dans l'accident,
> pas celui de ma femme, bon sang !